Pierre DUHEM

Correspondant de l'Institut de France,
Professeur à l'Université de Bordeaux.

———

JOSIAH-WILLARD GIBBS

A PROPOS DE LA

Publication de ses Mémoires Scientifiques

———>×<———

PARIS (V°)

Librairie Scientifique A. HERMANN

Éditeur, Libraire de S. M. le Roi de Suède

6, RUE DE LA SORBONNE, 6

—

1908

JOSIAH-WILLARD GIBBS

À PROPOS DE LA

PUBLICATION DE SES MÉMOIRES SCIENTIFIQUES [1]

On a bien souvent opposé la forme impersonnelle de la découverte scientifique au caractère personnel de l'œuvre d'art. Peut-on entendre la *Sonate à Kreutzer*, peut-on lire la *Nuit de Décembre* sans éprouver le désir puissant, impérieux de *sympathiser* avec l'auteur, de partager les passions qui vibrent en ses accords ou chantent en ses vers? Et pour partager ces passions, ne faut-il pas les connaître? Pour les connaître, les analyser, ne faut-il pas remonter à leurs sources, savoir quels événements leur ont donné naissance, quelles épreuves les ont rendues si violentes, si douloureuses et leur ont arraché ces accents qui nous font tressaillir? Ainsi l'admiration pour l'œuvre d'art engendre en nous une très vive et très légitime curiosité de toutes les vicissitudes qui ont agité la vie de l'artiste.

(1) *The Scientific Papers* of J.-Willard Gibbs, Ph. D., L. L. D., formerly Professor of mathematical Physics in Yale University. 2 vol. gr. in-8°, avec portrait. Longmans, Green and C°, London, New-York et Bombay, 1906.

Cet article a paru dans le BULLETIN DES SCIENCES MATHÉMATIQUES; 2° série, t. XXXI, août 1907. Nous remercions l'auteur et les rédacteurs du BULLETIN d'avoir bien voulu nous autoriser à le reproduire; nous rappelons à nos lecteurs l'étude de M. Duhem, intitulée : *La Loi des phases*, publiée dans cette REVUE, 2° série, t. XIV, juillet 1898.   (N. D. L. R.)

Au contraire, la beauté d'une théorie d'Algèbre ou de Physique mathématique nous semble-t-elle plus parfaite, notre esprit en prend-il une conscience plus pénétrante lorsque nous lisons les dramatiques aventures qui ont bouleversé la courte vie d'un Galois ou la gracieuse idylle qui a environné de poésie la jeunesse d'un Ampère?

Il ne faudrait pas, cependant, attribuer une rigueur trop inflexible à cette opposition entre l'Art et la Science. N'y a-t-il pas des œuvres d'art qui ont l'impersonnalité impassible d'un théorème? Parmi les sentiments qui s'éveillent en nous lorsque nous contemplons les lignes harmonieuses du Parthénon ou de la Vénus de Milo, est-il possible de découvrir le moindre désir de partager les joies ou les douleurs de l'architecte ou du sculpteur? Et, d'autre part, si la vérité d'une proposition scientifique, si la beauté d'une théorie nous charment par quelque chose d'absolu, que ne sauraient accroître ni la connaissance la plus détaillée de la vie de l'auteur, ni la pénétration la plus sympathique de ses sentiments, la forme que cette proposition a revêtue, l'ordre dans lequel cette théorie s'est développée n'ont-ils pas bien souvent leur origine et leur explication dans les tendances, dans les habitudes dont est fait le caractère personnel du mathématicien ou du physicien?

Que l'œuvre scientifique la plus abstraite et la plus algébrique puisse refléter cependant, comme un miroir fidèle, le tempérament de l'auteur, c'est une idée qui, sans cesse, s'est présentée à nous, tandis que nous parcourions les deux volumes où l'on a eu la très heureuse pensée de réunir les Mémoires de Josiah-Willard Gibbs ; nous voudrions communiquer au lecteur quelques-unes des réflexions qui se sont, en notre esprit, groupées autour de cette idée.

I

En 1658, Robert Gibbs quittait l'Angleterre et venait s'établir à Boston ; il était le quatrième fils de sir Henry Gibbs, de Honington (Warwickshire) ; il apportait sans doute, dans sa nouvelle patrie, ce culte du passé, cet amour de la stabilité qui, chez les Anglo-Saxons, se concilient avec l'audace aventureuse du colon ; en effet, tout ce que nous savons de l'histoire de ses descendants nous montre en eux des hommes respectueux de la continuité, désireux de vivre, où leurs pères ont vécu, d'une vie toute semblable à celle qu'ils leur ont vu mener.

En 1747, un petit-fils de Robert Gibbs, Henry, épouse la fille de Josiah-Willard, secrétaire de la province de Massachusetts ; et, dès lors, les prénoms de Josiah-Willard deviennent fréquents parmi les descendants d'Henry Gibbs.

Cet attachement aux prénoms déjà portés par les ancêtres ne révèle pas seul l'esprit traditionnel de la famille ; nous relevons des marques de cet esprit dans le goût pour la culture intellectuelle qui s'y transmet de père en fils et que la même Université vient consacrer à chaque génération ; le président Samuel-Willard Gibbs est *gradué* du Harvard College ; son fils, Josiah-Willard, l'est également, et il en est de même du fils, du petit-fils et de l'arrière-petit-fils de Josiah-Willard.

De cette lignée ininterrompue de cinq gradués du Harvard College naît un nouveau Josiah-Willard Gibbs, et ce dernier sera le père du physicien. Ce Josiah-Willard Gibbs rompt avec l'usage qui s'était établi chez ses ancêtres, car c'est au Yale College de New-Haven, dans l'État de Connecticut, qu'il vient prendre ses grades universitaires ; désormais, sa vie et celle de son fils vont être indissolublement liées à ce collège.

Josiah-Willard Gibbs, en effet, enseigne pendant trente-sept ans (1824 à 1861) la littérature sacrée à la Yale Divinity School. Professeur d'une rare modestie, travailleur d'une méticuleuse conscience, il épouse Mary-Anna Van Cleve, de Princeton (New-Jersey), qui, parmi ses ascendants, compte deux gradués du Yale College; de ce mariage naissent d'abord trois filles, puis, le 11 février 1839, un fils qui reçoit, lui aussi, les prénoms de Josiah-Willard.

En 1854, Gibbs commence au Yale College des études où nous le voyons briller tout particulièrement en Latin et en Mathématiques; il est gradué en 1858; pendant cinq ans, il continue à New-Haven des études qui le conduisent au doctorat en Philosophie; il est alors attaché comme *tutor* au Yale College, pour une durée de trois ans; de ces trois années, les deux premières sont consacrées à l'enseignement du Latin et la troisième à l'exposition de la Philosophie naturelle (Physique).

Son tutorat achevé, Gibbs, en compagnie de ses sœurs, entreprend un voyage en Europe. Il passe l'hiver de 1866-1867 à Paris; il se rend ensuite à Berlin, où il entend les leçons de Physique de Magnus; en 1868, il est à Heidelberg dont, à ce moment, l'Université compte Helmholtz et Kirchhoff au nombre de ses professeurs; enfin, en juin 1869, il rentre à New-Haven, L'année suivante, il est nommé professeur de Physique mathématique au Yale College.

La vie de Josiah-Willard Gibbs est désormais fixée: elle va s'écouler, paisible, en des jours tous pareils; cette chaire de Physique mathématique, Gibbs l'occupera jusqu'à sa mort; cette ville de New-Haven, il ne la quittera plus, sinon pour goûter chaque année, au moment des vacances, la grande paix des montagnes.

A son retour d'Europe, il était rentré en la maison que son père avait fait construire peu d'années après la naissance du fils qui allait illustrer le nom de Gibbs; en cette maison, à quelques pas de l'école où il a fait ses premières études, à quelques pas du collège dont il a été élève et *tutor*, où il donne maintenant ses savantes leçons, il va passer les trente-trois années qui lui restent à vivre,

Gibbs ne s'était pas marié, mais une de ses sœurs, avec sa famille, occupait en même temps que lui la maison paternelle. Une violente attaque de fièvre scarlatine, subie dans son enfance, avait laissé au professeur une constitution assez frêle; cependant une méticuleuse attention aux soins que réclamait sa santé, une existence d'une extrême régularité éloignèrent de lui toute maladie capable d'interrompre sérieusement le cours de son travail; une indisposition de quelques jours seulement précéda sa mort, survenue le 28 avril 1903.

Minutieusement, Gibbs écartait de lui tout ce qui aurait pu créer la moindre agitation en sa paisible existence; il avait fui les relations du monde; en cette petite ville de New-Haven, peu de personnes le connaissaient, hormis ses collègues ou ses élèves de l'Université; ceux-là seuls étaient admis à jouir de la conversation, d'une affabilité extrême, où le grand physicien se montrait tour à tour génial ou naïf, sans qu'aucune impatience, aucune irritation, vînt jamais passionner son discours.

Le calme absolu de la demeure où s'écoulaient ses jours, du milieu au sein duquel il vivait, n'était que l'image du calme qu'il avait réalisé en lui-même. La seule passion qui soit capable de dérober au penseur la pleine possession de son génie, l'ambition, n'avait aucun accès dans l'âme de Gibbs. Tous ceux qui l'ont approché sont unanimes à célébrer sa parfaite modestie, parfaite par le degré extrême qu'elle atteignait, parfaite aussi par l'entière sincérité, par l'absence de toute affectation qui transparaissaient en elle. Les plus hautes, les plus flatteuses distinctions des académies n'amenaient même pas un tressaillement de vanité à la surface de cette âme unie et limpide comme un beau lac. « Il réalisait presque, nous dit son biographe (1), l'idéal de l'homme désintéressé, du gentleman chrétien. »

En cette Amérique du XIX° siècle, qui nous apparaît toute brûlante d'une fiévreuse activité, dévorée par la soif de l'or, n'est-ce pas un spectacle bien surprenant, mais bien digne d'admiration, que cette vie de Gibbs, vie toujours égale à elle-même, pure de tout ce qui trouble la paix intellectuelle et morale, consacrée tout entière à la méditation du vrai, plus calme que la vie même de Kant en sa petite ville de Kœnigsberg? A ce spectacle, notre pensée, remontant le cours des âges, se reporte au XIII° siècle; tandis que l'air retentit du fracas des armures heurtées, des cris de guerre, des clameurs des massacres, un moine méditatif, dans le religieux silence d'une cellule gothique, développe en syllogismes d'une rigueur minutieusement éprouvée une thèse très abstraite et très haute de Philosophie première.

II

Pour définir le caractère de Gibbs, son biographe le qualifie ainsi : *of a retiring disposition*. La *concentration*, telle paraît être, en effet, la marque essentielle de sa physionomie intellectuelle et morale.

Tout ce qui est besoin de rayonner, désir de sortir du lieu que l'on occupe, lui est inconnu; il ne quitte jamais sa ville natale; il demeure jusqu'à sa mort en la

(1) Une étude biographique sur Josiah-Willard Gibbs, étude à laquelle sont empruntés tous les détails qu'on vient de lire, a été publiée par M. H.-A. Bumstead dans l'AMERICAN JOURNAL OF SCIENCE et reproduite en tête du premier volume des *Scientific Papers* of J.-Willard Gibbs.

maison paternelle; étudiant ou professeur, il reste toujours attaché à la même Université; il restreint extrêmement le cercle de ses amis; il ne souhaite pas que la renommée fasse connaitre au loin son nom et sa réputation scientifique; sa vie morale, comme sa vie physique, est exempte de toute tendance à se répandre au dehors; bien plutôt, elle s'efforce de se condenser, toujours plus étroitement, autour d'un centre où elle puisse trouver le repos absolu dans une parfaite unité.

La même loi domine sa vie intellectuelle.

Cette fièvre qui fait bouillir et fermenter l'idée nouvelle dans le cerveau de l'inventeur, qui la rend impatiente de se répandre et de se communiquer, qui la lance, encore trouble et mal épurée, dans le torrent de la discussion, qui précipite ses flots tumultueux et irrités à l'assaut des contradictions; ce tourbillon où roulent pêle-mêle les vues géniales et les lourdes méprises, les divinations heureuses et les repentirs pénibles, les ambitions triomphantes et les espoirs déçus, toute cette agitation et tout ce désordre sont étrangers au calme parfait qui règne en l'esprit de Gibbs. En ses paisibles méditations, l'idée se développe, se perfectionne, atteint sa maturité sans que rien la presse de quitter les secrètes profondeurs du génie au sein duquel elle est née.

Comme il n'éprouve aucune hâte à produire sa découverte, Gibbs ne s'impatiente pas contre les causes qui en peuvent retarder l'achèvement; la préparation minutieuse de ses leçons, les conseils qu'un étudiant vient lui demander, les mille petits devoirs qu'entraîne sa charge de professeur ne souffrent jamais de la recherche qui l'occupe.

Cette recherche, il la poursuit dans le complet isolement de toute influence extérieure. Bon nombre d'inventeurs aiment à livrer à leurs interlocuteurs le secret des pensées qui s'élaborent en eux; la conversation d'autrui leur est un précieux stimulant; la critique, si humble soit-elle, leur semble toujours profitable. Gibbs n'a nul besoin de ces secours; il ne les désire pas; jamais il ne parle de la tâche qu'il est en train d'accomplir; jamais il ne livre aucun essai, aucun résultat provisoire. Une foule de professeurs aiment à exposer devant leurs élèves une œuvre encore inachevée; cette sorte de publication orale est, pour leur futur livre, une sorte de première édition, qu'ils corrigeront, retoucheront et refondront avant de livrer leur écrit à l'imprimeur; Gibbs ne prend jamais pour sujet de ses cours le mémoire ou le traité qu'il compte publier plus tard; ou, du moins, s'il fait une exception à cette règle, s'il professe ses *Principes de Mécanique statistique* nombre d'années avant de les publier, c'est que l'œuvre était déjà achevée et qu'il n'y devait plus apporter que de légères retouches.

Les élèves de Gibbs ne pouvaient donc, en écoutant ses cours, apprendre comment une découverte s'ébauche, par quelle suite de reprises, de modifications, de reconstructions, elle se transfigure peu à peu jusqu'au moment où elle atteint sa forme définitive; mais, s'ils ne recevaient point de leur maître cet enseignement par l'exemple, qui est en quelque sorte l'apprentissage de l'homme de science, ils pouvaient du moins, en ses leçons comme en sa vie, contempler le culte sévère que l'on doit à la vérité.

Des fruits produits par ses méditations, Gibbs n'en voulait livrer aucun à la publicité qui ne lui semblât achevé et irréprochable; et le jugement qu'il portait sur son œuvre avant de la laisser imprimer, il le portait avec la critique pénétrante et sévère que l'on réserve ordinairement à l'œuvre d'autrui.

Il ne voulait donner aucun écrit qui ne fût absolument original et personnel.

La théorie des vecteurs, par exemple, avait fait, pendant de longues années, l'objet de ses recherches; il lui avait donné une forme nouvelle, issue à la fois de l'*Ausdehnungslehre* de Grassmann et de la théorie des quaternions d'Hamilton; l'usage continuel de cette forme dans son enseignement lui en avait fait reconnaître la très grande utilité. Les élèves qui avaient éprouvé par eux-mêmes les avantages de cette méthode ne purent jamais décider leur maitre à publier les leçons en lesquelles il l'exposait; ce n'est pas, cependant, qu'elles n'eussent atteint une forme achevée et définitive; mais plusieurs d'entre elles reproduisaient, au moins dans leurs grandes lignes, l'œuvre des prédécesseurs de Gibbs, et celui-ci ne pouvait se résoudre à donner sous son nom un livre où sa propre part lui semblait trop mince; c'est seulement en 1901, à l'occasion du second centenaire du Yale College, que Gibbs voulut bien autoriser un de ses disciples, le Dʳ E.-B. Wilson, à publier son traité d'Analyse vectorielle (1).

Peu soucieux de publier ses idées, fermement décidé à ne les point publier avant leur complet achèvement, Gibbs ne mit aucune hâte à débuter comme auteur scientifique; il avait trente-quatre ans lorsque parut son premier mémoire, consacré à l'emploi des méthodes graphiques en la Thermodynamique des fluides. Ses écrits, fort courts pour la plupart, se succédèrent à d'assez longs intervalles; chacun d'eux, avant d'être mis au jour, avait acquis lentement sa parfaite maturité. L'œuvre entière du grand physicien se trouve ainsi d'un volume fort réduit; mais la pensée y est condensée à un degré extraordinaire.

Lorsqu'il s'était déterminé à faire imprimer les résultats de l'une de ses études, Gibbs ne cherchait nullement à leur assurer une diffusion rapide et étendue;

(1) *Vector Analysis*, a text book for the use of students of Mathematics and Physics, founded upon the lectures of J.-Willard Gibbs, by E.-B. Wilson. Yale bicentennial Publications. C. Scribner's sons, 1901.

les grands recueils scientifiques, grâce auxquels une pensée est bientôt communiquée à tous ceux qui sont capables d'en faire bon usage, n'eurent pas à transmettre les découvertes du professeur du Yale College; ces découvertes, il les confia presque toujours à des recueils américains d'une moindre vogue, comme s'il eût éprouvé quelque regret de leur avoir donné libre vol; ses premiers mémoires de Thermodynamique et, en particulier, son grand travail *Sur l'équilibre des substances hétérogènes* parurent dans les TRANS- ACTIONS, bien peu répandues, que publiait, depuis peu, à New-Haven, l'Académie des Arts et des Sciences du Connecticut.

Il semble parfois qu'en publiant ses travaux, Gibbs eût été possédé du désir de les voir passer inaperçus; s'il en fut ainsi, il fut bien souvent servi à souhait; bien souvent, ses idées demeurèrent ignorées de ceux-là mêmes qui auraient eu le plus grand intérêt à les connaître.

Le mémoire à jamais célèbre que le savant mathématicien a intitulé *On the equilibrium of heterogeneous substances* avait été imprimé, en 1876 et en 1878, dans le troisième Volume des TRANSACTIONS de l'Académie de Connecticut. En 1882, H. von Helmholtz inaugurait, dans les COMPTES RENDUS de l'Académie des Sciences de Berlin, la suite de ses recherches *Zur Thermodynamik chemischer Vorgänge;* en sa première pièce, le grand physicien allemand exposait bon nombre de propositions qui se trouvaient déjà formulées dans l'écrit de Gibbs; mais, ignorant cet écrit, il avait dû inventer à nouveau ce que le professeur du Yale College avait trouvé avant lui; il s'empressa d'ailleurs de reconnaître (1), lorsqu'il en eut été averti,

(1) H. von Helmholtz, *Zur Thermodynamik chemischer Vorgänge; III, Folgerungen die galvanische Polarisation betreffend* (SITZUNGSBERICHTE DER AKADEMIE DER WISSENSCHAFTEN ZU BERLIN, 31 mai 1883. — Helmholtz, *Wissenschaftliche Abhandlungen*, Bd. III, S. 94).

la priorité de l'auteur de l'*Equilibrium of hetero-geneous substances.*

La mésaventure de Helmholtz fut celle de bon nombre d'autres physiciens; inconnus en Europe, ou connus seulement par les résumés fort incomplets qu'en avaient donnés les recueils bibliographiques, les écrits thermodynamiques de Gibbs n'eurent pas sur le développement de la Mécanique chimique toute l'influence qu'ils auraient dû exercer. Lorsque ces écrits furent plus connus, par l'édition allemande que M. W. Ostwald en donna (1) en 1892, par la traduction française de certains Chapitres particulièrement importants que M. Henry Le Chatelier publia (2) en 1899, force fut de reconnaître que bon nombre de vérités dont on avait célébré l'invention récente se trouvaient déjà établies dans des pages imprimées à New-Haven depuis plusieurs années.

Bien que ses droits à la priorité d'une découverte eussent été maintes fois méconnus, Gibbs n'élevait ordinairement aucune réclamation contre ses plagiaires involontaires; il semblait qu'il ne regardât plus comme sienne la pensée qu'il avait livrée à la publicité et qu'il se désintéressât du sort qu'elle éprouvait.

Une seule fois, il sortit de cette excessive réserve. L'*Association britannique* avait créé dans son sein un Comité destiné à promouvoir l'étude de l'électrolyse. Ce Comité avait repris la discussion d'un problème dont Edmond Becquerel, William Thomson et Helmholtz avaient autrefois proposé une solution incomplète; ce problème consiste à déterminer la relation qui existe entre la chaleur que peut dégager une réaction chimique et la force électromotrice de la pile vol-

(1) J.-Willard Gibbs, *Thermodynamische Studien,* herausgegeben durch W. Ostwald und G. Trevor, Leipzig, 1892.
(2) J.-Willard Gibbs, *Équilibre des systèmes chimiques,* traduit par Henry Le Chatelier, Paris, 1899.

taïque au sein de laquelle cette réaction se produit. A Sir Oliver Lodge, secrétaire de l'*Electrolysis Committee,* Gibbs écrivit deux courtes lettres (1) où il rappelait que la solution complète de ce problème se trouvait dans les dernières pages de son écrit *Sur l'équilibre des substances hétérogènes,* où il montrait en outre comment cette solution permettait d'obtenir la remarquable formule plus récemment donnée par Helmholtz. Encore ces deux lettres ne ressemblaient-elles aucunement à la réclamation d'un inventeur qui revendique ce qu'on oublie injustement de lui attribuer; elles étaient bien plutôt l'obligeant avertissement de celui qui a déjà trouvé la vérité et qui veut épargner un labeur inutile à ceux qui cherchent encore.

III

La pensée scientifique de Gibbs, si peu soucieuse de se répandre, mérite bien, elle aussi, la qualification que M. H.-A. Bumstead applique à l'homme lui-même; elle est *of a retiring disposition;* elle tend sans cesse à se condenser, à se concentrer.

Cette tendance à la condensation se marque, tout d'abord, dans l'excessive contraction du style par lequel s'exprime cette pensée, dans l'extrême brièveté des écrits où elle se trouve renfermée plutôt qu'exposée.

S'il est une langue d'une admirable concision, c'est assurément la langue algébrique; il n'est pas besoin de dire que cette langue, capable de mettre tant de pensées en des formules si courtes, est la langue préférée de Gibbs.

(1) J.-Willard Gibbs, *Two letters to the Secretary of the Electrolysis Committee of the British Association for the Advancement of Science,* January 8, 1887 and november 21, 1887 (*The Scientific Papers of J.-Willard Gibbs,* vol. I, pp. 406-412).

En 1886, il est vice-président de l'*Association améri-caine pour l'avancement des Sciences*; son adresse à la section de Mathématiques et d'Astronomie est consa-crée à l'Algèbre (1), et voici en quels termes il caracté-rise cette discipline : « On a dit que l'esprit humain n'avait jamais imaginé une machine qui fût, au même degré que l'Algèbre, capable de lui épargner le travail. Si cela est vrai, il est naturel, il est convenable qu'un âge comme le nôtre, que caractérise le développement d'un machinisme destiné à épargner le travail humain, se distingue aussi par le développement, sans exemple jusqu'alors, de la plus délicate et de la plus admirable des machines. »

Gibbs est donc essentiellement algébriste.

Il l'est alors même qu'on pourrait s'attendre à le trouver géomètre. Dans les deux mémoires où il étudie les divers diagrammes propres à représenter les pro-priétés thermodynamiques des fluides et de leurs trans-formations, les démonstrations géométriques ne jouent à peu près aucun rôle; c'est par des considérations d'Analyse algébrique que sont établies la plupart des propriétés de ces diagrammes.

La concision, la condensation de l'Algèbre souffrent elles-mêmes des degrés.

Les antiques formes algorithmiques employées par les mathématiciens du XVIIe et du XVIIIe siècle sem-blent singulièrement développées et prolixes auprès des calculs symboliques qui ont été inventés et perfectionnés au XIXe siècle. En l'ancienne Algèbre, chacune des opérations simples est représentée par un signe parti-culier, en sorte que le nombre de ces signes est petit; lorsqu'une grandeur doit subir une série compliquée d'opérations simples, les signes relatifs à ces opérations

(1) J.-Willard Gibbs, *On multiple algebra* (PROCEEDINGS OF THE AMERICAN ASSOCIATION FOR THE ADVANCEMENT OF SCIENCE, t. XXV, 1886, pp. 36-66.—*The Scientific Papers of* J.-Willard Gibbs, vol. II, p. 91).

viennent tous s'écrire les uns à la suite des autres; les formules qui résultent de cette méthode peuvent être lues sans grand effort de mémoire, mais elles sont parfois très longues. Les Algèbres nouvelles figurent par un symbole unique un groupe déjà fort complexe d'opérations; elles évitent ainsi les interminables écritures de l'ancienne Analyse; en revanche, leurs signes nombreux, dont les combinaisons se font suivant des règles compliquées et difficiles, ne se laissent point lire couramment à qui n'a, pour le maniement des caractères symboliques, qu'une aptitude médiocre.

Entre l'Algèbre cartésienne, aux formules développées, aux calculs étendus et faciles à saisir, et l'Algèbre concentrée de l'*Ausdehnungslehre* et des quaternions, la préférence de Gibbs ne saurait être douteuse. Les tendances dominantes de son esprit devaient le porter à user d'un langage peu propre, il est vrai, à assurer la diffusion d'une pensée, mais capable de condenser un calcul difficile en quelques signes d'une merveilleuse concision.

Gibbs semble, en effet, avoir cultivé l'Algèbre vectorielle avec un véritable amour. Chaque année, il la traitait en ses leçons, retouchant sans cesse l'exposé qu'il en donnait et l'amenant enfin à cette perfection que la publication faite par M. Wilson nous permet d'apprécier.

Il fallait que cet amour fût bien vif pour que le professeur de New-Haven, si jalousement épris de l'absolue quiétude, si plein d'aversion pour les luttes et les querelles, ait consenti à soutenir une longue polémique en faveur de la méthode qu'il croyait la plus propre à l'exposition de l'Analyse des vecteurs; au cours de cette polémique qui se poursuivit de 1891 à 1893 dans les colonnes du journal anglais NATURE, Gibbs ne se départit pas un instant de la sereine impartialité qui sied si bien à une discussion scientifique; ses adversaires cependant, partisans intransigeants de la méthode des quaternions, ne gardaient pas toujours les mêmes ménagements; il suffit, pour s'en convaincre, de lire la phrase par laquelle Tait avait provoqué l'algébriste américain : « On doit ranger le professeur Gibbs au nombre de ceux qui ont retardé le progrès du quaternion, et cela par suite de son Mémoire sur la *Vector Analysis,* sorte de monstre hermaphrodite, produit des notations d'Hamilton et de celles de Grassmann ».

La faveur que Gibbs attachait à l'Analyse vectorielle n'était pas due seulement à l'extrême brièveté que l'emploi de cette Algèbre donne aux formules de la Physique mathématique; il y reconnaissait un autre pouvoir de condensation, d'une nature plus élevée; et c'est ce pouvoir qu'il admirait surtout en elle, car il y trouvait le moyen de satisfaire aux aspirations les plus profondes de son génie scientifique; l'Analyse vectorielle, en effet, réunit en un très petit nombre de principes une multitude de théorèmes que l'Algèbre ordinaire est tenue de considérer isolément les uns des autres. « Je ne désire pas tant, disait le professeur de New-Haven en terminant son adresse sur l'*Algèbre multiple* (1), appeler votre attention sur la diversité des applications de l'Algèbre multiple que sur la simplicité et l'unité de ses principes. Celui qui étudie l'Algèbre multiple se trouve tout à coup délivré des restrictions variées auxquelles il était accoutumé. Pour beaucoup, sans doute, une telle liberté semble une invitation à la licence. Nous sommes ici en un champ sans borne, où le caprice peut se donner libre cours. Il n'est pas étonnant qu'on suive avec une attention quelque peu méfiante le résultat d'une telle expérience. Mais, plus nous avançons en ce domaine, plus il nous apparaît avec évidence qu'il est, lui aussi, un royaume soumis à des lois. Plus nous

(1) *The Scientific Papers of J.-Willard Gibbs,* vol. II, p. 117.

étudions ce sujet, et mieux nous reconnaissons que tout ce qui s'y trouve d'utile et d'admirable se relie à un petit nombre de principes centraux. »

Par une concentration progressive, réduire la multiplicité à une unité toujours plus parfaite, telle est assurément la démarche habituelle et préférée de l'esprit de Gibbs.

IV

Lorsque la Thermodynamique veut appliquer ses principes aux changements d'état physique que les corps peuvent subir, aux réactions chimiques auxquelles ils peuvent donner lieu, parmi les propriétés, en nombre immense, que possèdent ces diverses substances, elle choisit quelques grandeurs, très abstraites et très générales : la densité, la pression, la température, la concentration, la quantité de chaleur; ces grandeurs sont les seules qu'elle considère en ses raisonnements, les seules qu'elle fasse figurer en ses formules; des autres propriétés, plus particulières, qui caractérisent chaque substance, qui lui donnent une physionomie individuelle, elle ne tient et ne peut tenir aucun compte.

Ces grandeurs, qui sont l'unique objet des spéculations de la Thermodynamique, le chimiste les rencontre, lui aussi, et à chaque instant, au cours de ses recherches; mais elles n'y sont pas isolées des propriétés innombrables que la Mécanique tient pour inexistantes; elles s'y trouvent à l'état concret, en des corps particuliers, où elles s'accompagnent de tout un cortège d'attributs et de qualités sensibles.

Lors donc que le chimiste, habitué à manipuler des corps, à observer des faits, et non pas à combiner des symboles algébriques, est mis en présence d'une formule produite par la Thermodynamique, il ne reconnaît point aisément, en ces lettres qui composent la formule, les propriétés des corps qu'il fait chaque jour réagir dans les vases de verre de son laboratoire; il ne les reconnaît pas, parce qu'elles ont dépouillé les caractères concrets, particuliers, visibles et tangibles dont, ordinairement, il les voit revêtues; il ne les reconnaît pas, parce qu'elles ont pris la forme abstraite et générale d'idées pures, la forme symbolique de grandeurs mathématiques.

Si l'on veut que le chimiste reconnaisse ces propriétés, si l'on veut que la formule thermodynamique lui devienne saisissable, si l'on veut qu'il en puisse faire l'application aux réactions qu'il étudie, il faut obliger ces grandeurs à reprendre, pour un moment, l'état concret et particulier à partir duquel elles ont été abstraites et généralisées; il faut faire sortir de la formule quelques-uns des cas singuliers, en nombre infini, qu'implique son universalité; il faut *en donner des exemples*.

De même que l'intelligence de Gibbs n'éprouve aucun désir de produire au dehors les pensées diverses qu'elle a concentrées en son for intérieur, de même les formules algébriques du professeur de New-Haven gardent, en toute pureté, leur caractère abstrait et général; il semble qu'elles répugnent à mettre en acte les cas particuliers qui existent virtuellement en elles. Qu'on parcoure ce Mémoire *Sur l'équilibre des substances hétérogènes* où se trouvent, en leur entière généralité, les lois thermodynamiques de la Statique chimique; on n'y rencontrera pas une application, pas un exemple, qui rende à tous ces théorèmes la figure sous laquelle l'expérimentateur pourrait reconnaître des vérités capables d'éclairer et de guider son labeur. Au lecteur non prévenu, cet écrit paraît traiter d'Analyse mathématique et non point de Physique et de

Chimie. Lorsqu'un scribe, au moyen âge, rencontrait en un manuscrit un assemblage de caractères dont il n'avait pas la clef, il mettait, en sa naïve copie : *Græcum est, non legitur*. Lorsqu'il aperçoit, au livre de Gibbs, cette foule de symboles abstraits dont aucune traduction ne lui est donnée en la langue qu'il a accoutumé de parler, le chimiste est tenté de dire : *Algebraïcum est, non legitur*.

Heureusement pour l'œuvre de Gibbs, il s'est rencontré des chimistes mathématiciens, et qui savaient lire l'Algèbre; grâce à eux, les formules du professeur de New-Haven ont été traduites et leur sens concret s'est manifesté aux yeux des expérimentateurs.

Le Mémoire *Sur l'équilibre des substances hétérogènes* renferme un chapitre, assez court, qui est intitulé : *On coexistent phases of matter (Sur les phases coexistantes d'une matière)*. Le chimiste qui feuillette ce Mémoire va-t-il arrêter son attention à un tel chapitre? Qu'est-ce donc qui l'y pourrait inviter? Et, s'il lui arrivait de le lire, qu'y verrait-il qui lui semblât susceptible d'aider à ses recherches? Il n'y apercevrait que quelques égalités algébriques assez compliquées, quelques déterminants dont les termes sont des entropies, des volumes, des concentrations; les propositions auxquelles équivalent ces égalités ne sont même pas formulées; d'ailleurs, parmi les mots qui figurent dans les raisonnements et qui devraient servir à formuler ces propositions, se rencontre tout d'abord ce terme de *phase* qui a ici un sens absolument nouveau et inusité; il est défini, il est vrai, au début du chapitre, mais d'une manière entièrement abstraite et générale, et sans qu'aucun exemple vienne éclaircir cette définition. À coup sûr, le chimiste passera insouciant devant ce chapitre, sans songer qu'il renferme des renseignements précieux pour la Science qu'il cultive; il passera semblable au voyageur qui, d'un pied négligent, heurterait un caillou, sans songer qu'une pépite d'or se cache au centre de cette pierre grise et vulgaire.

Le chapitre de Gibbs *Sur les phases coexistantes de la matière* était déjà imprimé depuis près de dix ans au moment où un chimiste hollandais, H.-W. Bakhuis Roozeboom, aborda l'étude des équilibres chimiques qui se produisent lorsque l'eau et l'acide bromhydrique sont en présence. Ces équilibres sont fort compliqués, car les deux corps composants peuvent fournir des mélanges gazeux, des mélanges liquides, des solides tels que la glace ou l'hydrate bromhydrique cristallisé. Avec une rare sagacité, Bakhuis Roozeboom avait déjà débrouillé en très grande partie les lois qui régissent les divers états d'équilibre entre ces corps, lorsqu'un physicien illustre, également habitué aux études expérimentales et au maniement des formules algébriques, M. J.-D. van der Waals, lui signala (1) le travail de Gibbs et appela son attention sur les propositions qui s'y trouvaient contenues.

M. van der Waals et Bakhuis Roozeboom venaient, du sein des formules algébriques de Gibbs, d'exhumer la *règle des phases.* Aussitôt, avec une extrême activité, Roozeboom s'occupait de montrer, en de nombreux Mémoires, quel ordre cette règle mettait en la Statique chimique, particulièrement en ses recherches et en celles de M. J.-H. Van't Hoff; il en donnait de nouvelles et remarquables applications; autour de lui, les jeunes chimistes de l'Université de Leyde, les Stortenbeker, les Schreinemakers, munis du fil conducteur que leur fournissait la règle des phases, s'aventuraient dans les labyrinthes les plus compliqués de la Statique chimique; plus tard, la même audace s'emparait des élèves du laboratoire d'Amsterdam, après que Rooze-

(1) H.-W. Bakhuis Roozeboom, *Sur les conditions d'équilibre de deux corps dans les trois états solide, liquide et gazeux, d'après M. van der Waals* (Recueil des Travaux chimiques des Pays-Bas, t. V, 1886, p. 335).

boom y eût remplacé Van't Hoff; et celui-ci, de son côté, faisait triompher la règle des phases à Berlin, avec ses admirables travaux sur les dépôts salins de Stassfurt; en moins de vingt années, les idées que contenaient les formules du professeur de New-Haven avaient prodigieusement accru et transformé ce que les chimistes avaient connu jusque-là des alliages et des mélanges isomorphes; par suite, elles avaient révolutionné les théories de la Métallurgie et de la Minéralogie.

M. Le Chatelier a pu dire avec justice que Gibbs, en créant la loi des phases, avait rendu à la Chimie un service comparable à celui que lui avait rendu Lavoisier lorsqu'il avait formulé la loi de conservation du poids; mais notre légitime admiration pour le mathématicien de New-Haven, qui avait enveloppé une précieuse pépite sous la rude écorce de ses formules algébriques, ne doit pas nuire à notre gratitude envers les deux chimistes hollandais qui ont brisé la gangue et fait éclater à tous les yeux les reflets du pur métal.

M. van der Waals avait fait preuve d'une remarquable perspicacité en discernant la règle des phases parmi les formules algébriques où Gibbs l'avait en quelque sorte cachée. Cette même perspicacité servit heureusement, en d'autres circonstances, le savant physicien hollandais; lorsqu'il entreprit d'étudier les lois qui président à la liquéfaction d'un mélange de deux gaz, c'est au célèbre Mémoire du professeur de New-Haven (1) qu'il emprunta la notion d'état critique d'un tel mélange; c'est une des fonctions définies en ce Mémoire, la fonction ψ, qu'il représenta par une surface dont l'étude n'a cessé, depuis ce temps, de solliciter les efforts des physiciens de Leyde et d'Amsterdam.

Mais, si M. van der Waals fut assez clairvoyant pour

(1) *The Scientific Papers of J.-Willard Gibbs*, vol. 1, p. 129-134.

découvrir quelques-unes des idées qui se trouvaient en germe dans les équations de Gibbs, s'il eut l'habileté de leur faire produire les découvertes expérimentales qu'elles renfermaient en elles, combien de graines semblables sont demeurées stériles parce qu'aucun physicien, aucun chimiste, ne les a aperçues sous l'enveloppe algébrique qui les dissimulait! La fécondité dont elles étaient douées a été reconnue trop tard, lorsque les découvertes qu'elles impliquaient s'étaient depuis longtemps développées sans leur rien emprunter.

Ainsi, en 1881, à l'aide de l'expérience et de quelques raisonnements, M. Konovalow découvrait les lois fondamentales de ce qu'on devait nommer plus tard l'*état indifférent* d'un système bivariant; or, dès 1876, Gibbs avait énoncé ces lois, en trois lignes (1), dans son Mémoire *Sur l'équilibre des substances hétérogènes*.

En 1885, M. J.-H. Van't Hoff montrait le rôle important que la considération des parois semi-perméables et de la pression osmotique devait jouer dans l'étude des dissolutions; il établissait, en outre, de saisissantes analogies entre les lois relatives aux solutions très diluées et les lois qui régissent les gaz parfaits; or, à son insu, il n'avait fait que retrouver des résultats découverts et publiés (2) dès 1876 par le professeur du Yale College.

Nous pourrions multiplier les exemples semblables à ceux que nous venons de citer; sans lasser le lecteur par cette longue discussion relative à des questions de priorité, nous pouvons, croyons-nous, formuler cette double conclusion : La plus grande partie de la Statique chimique actuelle se trouvait déjà dans les équations que Gibbs avait établies en ces divers Mémoires de Thermodynamique; cependant, cette Statique chimique a été presque entièrement découverte hors de l'influence.

(1) *The Scientific Papers of* J.-Willard Gibbs, vol. I, p. 99.
(2) *Ibid.*, pp. 83, 135, 164.

du savant américain; les chercheurs qui l'ont retrouvée n'avaient pas reconnu la portée de l'œuvre composée par le savant algébriste de New-Haven.

Si Gibbs a laissé à son œuvre cette forme algébrique, si mystérieuse pour le chimiste, si peu capable de lui transmettre les idées qu'elle recèle, c'est, dira-t-on peut-être, par gaucherie de mathématicien pur, ignorant de la science d'observation, inhabile à trouver dans la foule des lois expérimentales celles qui pourraient illustrer ses équations. Le croire serait se tromper et Gibbs a pris soin, en quelque sorte, de nous prémunir contre cette erreur. Il a prouvé que, s'il lui plaisait de comparer quelqu'une de ses formules aux données de l'expérience, il savait fort bien instituer cette comparaison et la pousser jusqu'à son complet achèvement.

Sa Statique chimique donne une formule algébrique propre à représenter les variations de la densité d'un polymère gazeux qui se résout en un isomère moins condensé; désireux de soumettre cette formule au contrôle des faits, Gibbs a réuni toutes les déterminations auxquelles les densités de vapeur variables avaient donné lieu de son temps, et il les a minutieusement comparées aux résultats numériques tirés de sa formule (1).

Si donc Gibbs a laissé ses découvertes de Mécanique chimique sous une forme abstraite et purement algébrique, ce n'est pas qu'il fût inhabile à les présenter en un langage plus concret et plus accessible aux expérimentateurs; c'est que son esprit, lorsqu'il avait condensé une vérité en la concision d'une formule très générale, répugnait à dérouler la suite infinie des cas particuliers qu'enveloppait cette proposition universelle; comme son caractère moral, son intelligence était *of a retiring disposition.*

(1) *The Scientific Papers of J.-Willard Gibbs*, vol. I, pp. 175-182 et 372-403.

V

Gibbs aimait à contempler la vérité, non pas dans la multiplicité variable et changeante des propositions particulières, mais dans l'unité fixe et immuable de la proposition générale; sa pensée ne cherchait pas à s'étendre dans le développement de plus en plus ample des conséquences, mais à se concentrer dans le resserrement de plus en plus dense des principes; cette tendance qui caractérise la démarche habituelle de son génie, nous venons de la reconnaître dans la méthode qu'il a suivie pour exposer les résultats de ses théories; nous allons la retrouver, non moins nette et accentuée, dans la forme qu'il a donnée aux hypothèses dont ces mêmes théories sont issues.

Quelle est, pour le pur logicien, la structure idéale de la théorie physique?

Au point de départ, quelques propositions, revêtues d'une forme mathématique, très peu nombreuses et très générales, aussi générales que possible afin qu'elles soient aussi peu nombreuses que possible; ce sont les *hypothèses*.

En ces hypothèses, la théorie tout entière est contenue et comme ramassée; par une déduction d'une rigoureuse régularité, le mathématicien va extraire des hypothèses la foule des vérités particulières qu'elles impliquent, et les dérouler en une suite parfaitement ordonnée qui sera la théorie.

L'expérimentateur s'emparera alors de ces conséquences particulières; il les comparera aux lois que l'observation lui a révélées, car il faut que ces lois trouvent une représentation satisfaisante dans les résultats de la théorie pour que celle-ci soit déclarée valable.

Lorsqu'un physicien se propose de présenter une théorie à ses auditeurs ou à ses lecteurs, va-t-il modeler exactement son exposition sur ce que la Logique lui enseigne touchant la structure de cette théorie? Va-t-il, de prime abord, poser l'ensemble de ses hypothèses sous leur forme la plus générale et sous leur nombre minimum? Il risquerait, à le faire, de heurter les préventions intellectuelles les plus légitimes de ceux auxquels il s'adresse, de rendre ses suppositions inacceptables et de laisser sa théorie incomprise.

Les hypothèses sur lesquelles repose une théorie physique n'ont rien d'analogue, en effet, aux axiomes de la Géométrie. Ceux-ci sont des propositions d'une certitude immédiate; sitôt qu'ils lui sont présentés, l'esprit leur donne son adhésion; transporter aux corollaires les plus éloignés cette certitude évidente des principes, c'est, en chacune des branches de la Science mathématique, l'objet de la déduction.

Tout autrement en est-il en une théorie physique. La source de toute certitude et de toute vérité ne se trouve pas à l'origine de la déduction, elle ne coule pas des hypothèses premières; elle se trouve à l'autre extrémité, elle dérive tout entière de l'accord entre les conséquences ultimes de la théorie et les lois expérimentales. Les hypothèses ne se présentent donc pas comme des jugements qui, d'emblée, satisfont l'esprit; la déduction mathématique n'a pas pour but de nous faire adhérer aux corollaires éloignés en canalisant jusqu'à eux l'évidente certitude des premiers principes. Ici, la vérité ne descend pas des prémisses du raisonnement aux conclusions; elle réside uniquement là où aboutit la théorie, là où elle vient se confronter avec l'expérience; de cette confrontation, les hypothèses d'où la théorie est issue tirent toute leur valeur, en sorte que cette valeur remonte, en sens contraire de la déduction mathématique, des conclusions aux prémisses. Cette valeur, d'ailleurs, n'est pas une valeur de vérité, elle ne s'apprécie pas en degrés de certitude; elle est d'autant plus

grande qu'un nombre plus considérable de lois expérimentales se laissent représenter par les corollaires
déduits des hypothèses; elle est d'autant plus grande
que l'ensemble de ses corollaires forme un tableau où
les lois expérimentales sont représentées plus fidèle-
ment et dans un ordre plus parfait; les suppositions qui
sont à la base d'une théorie valent donc comme formules économiques où un nombre immense de vérités
d'observation se trouvent concentrées; elles valent
comme principes de classification; elles ne valent nullement comme vérités.

Il est clair, dès lors, que la valeur des hypothèses que
le physicien pose à la base d'une théorie ne saurait être
appréciée justement tant que la théorie n'a pas reçu son
complet achèvement et que l'ensemble de ses conséquences n'a pas été soumis au contrôle des faits. Logi-
quement, celui qui entend exposer une théorie physique
devrait s'abstenir de la moindre critique, de la moindre
discussion, de la moindre question au sujet des premières propositions qui lui sont formulées, jusqu'au
moment où les derniers corollaires de ces propositions
auront été démontrés par le mathématicien et jugés par
l'expérimentateur; alors, mais alors seulement, il
pourra décider en connaissance de cause si les hypothèses posées tout d'abord doivent être acceptées ou
rejetées.

Mais qui donc aurait un assez grand respect de la
Logique pour se contraindre à une telle réserve?
Certes, celui qui aborde l'étude d'une théorie physique
consentira bien à reconnaître que l'on ne saurait éva-
luer une hypothèse à son plus juste prix avant d'avoir
développé toutes les conséquences qu'elle implique;
mais, avant d'entreprendre la lente et pénible déduction
qui doit dérouler devant ses yeux la chaîne de ces conséquences, il réclamera quelque assurance contre les
risques d'un vain-labeur.

On ne peut être certain qu'une route mène au lieu que l'on désire atteindre tant que l'on n'a pas suivi cette route jusqu'au bout; toutefois, avant de s'y engager, on en relève l'orientation, on recueille toutes les indications qui laissent deviner l'endroit où elle aboutit; on se met en garde du mieux que l'on peut contre la chance d'avoir à rebrousser un long chemin inutilement parcouru.

En dépit donc des droits que la Logique lui confère, l'auteur d'une théorie se voit obligé de donner, dès le début, certaines justifications, certaines présomptions en faveur des hypothèses qu'il propose. Ces justifications, ces présomptions n'ont rien, d'ailleurs, d'une démonstration apodictique; partant, aucune règle absolue ne fixe la méthode selon laquelle elles doivent procéder. Tantôt, le créateur de la théorie s'efforcera de montrer que les enseignements confus de la connaissance commune suggèrent, en quelque sorte, les suppositions qu'il formule et trouvent en elles une forme plus précise et plus satisfaisante pour l'esprit. Tantôt, des propositions qu'il vient de postuler, il se hâtera de tirer quelques conséquences, particulièrement aisées et immédiates, et il s'empressera de montrer que ces conséquences s'accordent avec les lois expérimentales. Tantôt enfin, et cette voie sera presque toujours la plus sûre, il retracera la suite historique des essais et des tâtonnements qui ont amené à formuler les hypothèses sur lesquelles il va poser ses constructions. Mais, tout en pratiquant cet art d'introduire les principes en lesquels se condense son œuvre théorique, de les rendre aisément acceptables à son auditeur ou à son lecteur, il n'oubliera pas que toutes ces démarches ont pour objet d'anticiper sur le cours régulier de la doctrine physique et de satisfaire une illogique impatience.

Gibbs ne connaît pas cette impatience illogique; comme il ne l'éprouve pas en lui-même, il ne la soupçonne pas chez les autres; il ne fait donc rien pour l'éviter ou la calmer. Nul n'a plus exactement conformé l'exposé d'une théorie aux règles données par la seule Logique.

Lorsque le professeur de New-Haven développe une théorie physique, les hypothèses sur lesquelles il fonde cette théorie sont toujours amenées au plus haut degré de généralité en même temps que le nombre en est réduit au minimum. Parfois, une restriction un peu plus grande imposée à ces hypothèses permettrait à l'imagination de secourir la raison qui s'efforce de les saisir; parfois, un énoncé plus particulier, accompagnant l'énoncé général, lui servirait d'exemple et en ferait mieux comprendre le sens; Gibbs ne consent jamais à poser de telles restrictions; il ne condescend jamais à donner de tels exemples.

Considérons, par exemple, sa théorie de la double réfraction. Les physiciens qui, avant lui, ont développé de semblables théories se sont attachés à donner une forme déterminée à leurs suppositions sur la matière, sur l'éther, sur les relations mutuelles de ces deux substances; ou bien encore, lorsqu'ils voulaient éviter de trop préciser la structure de ces deux corps, ils ont pris soin, comme lord Kelvin, de composer des *modèles* qui pussent servir d'exemples à leurs hypothèses générales. Le professeur du Yale College prend le contrepied de cette méthode; il élimine de ses postulats tout ce qui les déterminerait outre mesure, tout ce qui les préciserait aux dépens de leur extension; il les réduit à ce qu'ils doivent renfermer d'absolument essentiel; la matière a une structure finement grenue; les dimensions et les distances mutuelles des grains sont négligeables par rapport à la longueur d'onde de la lumière; voilà tout ce qu'il admet (1) au début de ses spéculations sur la double réfraction et la dispersion.

(1) *The Scientific Papers of J.-Willard Gibbs*, vol. II, pp. 184-185.

Ce même désir de donner aux hypothèses la forme la plus générale, la moins déterminée qu'il soit possible d'imaginer se retrouve dans l'écrit (1) où Gibbs s'est efforcé de rapprocher les lois de la Thermodynamique des lois de la Mécanique.

Ces hypothèses si générales sur lesquelles Gibbs fonde ses théories ne sont pas toujours entièrement nouvelles; parfois, la Science n'est arrivée à les formuler qu'à la suite de longues hésitations, de tâtonnements pénibles, de discussions épineuses; rien de plus propre alors à nous faire apprécier la valeur, la portée, le sens de ces hypothèses que l'histoire résumée des vicissitudes par lesquelles elles ont passé avant d'acquérir leur forme actuelle. A cette histoire, Gibbs ne fait même pas une allusion.

Ouvrons, par exemple, le célèbre Mémoire *Sur l'équilibre des substances hétérogènes*, et voyons en quels termes débute le premier Chapitre (2) :

« Le critérium de l'équilibre d'un système isolé de toute influence extérieure peut s'exprimer sous l'une ou l'autre des deux formes suivantes, qui sont équivalentes :

» I. Pour l'équilibre d'un système isolé, il est nécessaire et suffisant que dans toutes les variations possibles de l'état du système, qui n'altèrent pas son énergie, la variation de l'entropie soit nulle ou négative...

» II. Pour l'équilibre d'un système isolé, il est nécessaire et suffisant que dans tous les changements possibles de l'état du système, qui ne font pas varier son entropie, la variation de son énergie soit nulle ou positive. »

(1) J.-Willard Gibbs, *Elementary Principles in statistical Mechanics developed with especial reference to the rational foundation of Thermodynamics*, New-York et Londres, 1902, pp. 5-6.

(2) *The Scientific Papers of J.-Willard Gibbs*, vol. I, p. 56.

Voilà les deux propositions essentielles dont toute la Statique chimique de Gibbs se tire par une déduction rigoureuse; toutes les formules que le Mémoire va développer y sont impliquées d'avance. Ces deux propositions, d'où tout le reste découle, nous sont présentées sans aucun commentaire, sans aucun exemple, sans aucune introduction historique. C'est, dira-t-on, qu'elles sont admises de tous les physiciens, que nul n'en conteste le bien fondé, qu'elles sont d'usage courant. Point du tout. Jamais, jusqu'alors, elles n'ont été expressément formulées en aucun écrit de Thermodynamique. Elles se peuvent déduire de certains principes posés par W. Thomson et par Clausius; mais ces principes eux-mêmes font usage de notions encore imprécises et mal définies, ils se relient à des hypothèses que plusieurs révoquent en doute. Derrière ces deux énoncés si brefs par lesquels débute le *On the equilibrium of heterogeneous substances*, il y a la loi de Carnot, il y a la notion de modification réversible et celle d'entropie, il y a l'audacieuse affirmation de Clausius touchant les transformations non réversibles; et rien de tout cela n'est encore entré dans la Science faite et communément acceptée, et rien de tout cela ne bénéficiera du consentement universel des bons esprits avant de longues années et de multiples efforts! Qui donc soupçonnerait l'existence de tous ces motifs d'hésitation et de doute en contemplant la sereine assurance avec laquelle le professeur de New-Haven écrit les deux formules qui renferment toute son œuvre thermodynamique?

En la grande généralité d'une hypothèse, certaines affirmations peuvent être impliquées qui sont particulièrement étranges et paradoxales. Sans doute, on agira prudemment en les signalant au lecteur au moment même que l'on formule la proposition qui les contient. Sinon, le jour viendra où, en développant les conséquences de cette proposition, il se heurtera, non averti, à ces affirmations scabreuses, et sa raison ne pourra manquer d'être violemment choquée d'un tel scandale.

La théorie que Gibbs a donnée (1) de la transformation par laquelle un fluide passe de l'état liquide à l'état de vapeur est susceptible de fournir, d'une manière très complète, les propriétés du point critique (2); cette importante théorie repose tout entière sur cette supposition : Le point qui a pour coordonnées le volume, l'énergie et l'entropie de l'unité de masse d'un fluide décrit une surface analytique dépourvue de tout point singulier.

Or, en cette proposition, se trouve impliquée une curieuse et étrange affirmation; une nappe de la surface dont elle postule l'existence correspond à des états que le fluide ne prend pas et ne peut pas prendre, en sorte que cette nappe, algébriquement définie, ne représente absolument rien au point de vue de la Physique. La considération de cette nappe donne une forme précise au principe de continuité entre l'état liquide et l'état gazeux que James Thomson avait entrevu.

L'existence de cette nappe mérite d'être expressément signalée au lecteur. A quelles conséquences inadmissibles, en effet, ne parviendrait-il pas s'il prenait les propriétés géométriques de cette partie de la surface thermodynamique pour représentation des propriétés physiques d'un fluide réel! Il penserait voir ce fluide se dilater alors qu'il en ferait croître la pression tout en maintenant constante la température. Cet avertissement si nécessaire, Gibbs ne le donnera pas, cependant, en formulant l'hypothèse qui porte ses déductions; à peine, au cours de ces mêmes déductions, le

(1) *The Scientific Papers of J.-Willard Gibbs*, vol. I, pp. 33 et suivantes.
(2) Paul Saurel, *On the critical state of a one-component system* (JOURNAL OF PHYSICAL CHEMISTRY, vol. VI, 1902, p. 474).

lecteur très attentif pourra-t-il entrevoir quelque vague allusion (1) à cette partie si étrange de la théorie.

Lorsqu'une hypothèse a pris sa forme la plus générale, lorsque tous les cas particuliers qui en avaient été isolément découverts, toutes les propositions spéciales qu'une détermination plus étroite en peut déduire, ont été composés en un énoncé unique, il répugnerait souverainement à l'esprit de Gibbs de briser cette combinaison; tous les efforts de son génie tendent à faire converger la multiplicité des vérités particulières vers l'unité d'un principe central; il ne saurait lui plaire que la généralité de ce principe s'éparpillât de nouveau en propositions fragmentaires, et cela dans le seul but de satisfaire aux exigences illogiques de lecteurs impatients et d'assurer à ses théories une diffusion qu'il ne souhaite point.

C'est chose à peine croyable que le soin avec lequel Gibbs garde à chaque hypothèse physique sa forme a plus générale et la moins développée; de ce soin, ses études de Mécanique statistique nous offrent un bien curieux exemple (2).

Dans un certain espace sont répartis des corps en nombre immense, variables de forme et de position. Tous ces corps, qui sont les *éléments* du système étudié, sont de même nature; ils pourraient être ramenés à un stade où ils seraient tous identiques; mais, au moment où nous les étudions, ils diffèrent les uns des autres par leur état, car ils sont diversement placés, orientés et déformés, et par leur mouvement, car ils ne sont pas tous animés des mêmes vitesses. A la nature de ces corps on laisse une large indétermination. Ce peuvent être de simples points matériels; la position de chacun d'eux dépend seulement alors de trois coordonnées. Ce

(1) *The Scientific Papers of J.-Willard Gibbs*, vol. I, p. 43.
(2) J.-Willard Gibbs, *Elementary principles in statistical Mechanics*. New York et Londres, 1902.

peuvent être des atomes rigides; pour connaître la position d'un tel atome, il faut connaître la valeur de six variables. Ce peuvent être des molécules, des assemblages d'atomes plus ou moins nombreux, plus ou moins divers, capables de se déplacer les uns par rapport aux autres ; pour déterminer la figure et la position d'un tel assemblage, il faut se donner un nombre de variables plus ou moins grand, mais supérieur à six. Une seule condition est requise de chacun des éléments qui forment le système matériel étudié : c'est qu'un tel élément soit entièrement connu de figure et de position lorsqu'on connaît les valeurs d'un nombre plus ou moins grand, mais limité, de variables indépendantes.

Ces éléments sont soumis à des forces. Les forces qui agissent sur un élément dépendent exclusivement des variables qui déterminent cet élément; telles seraient des forces émanées de corps extérieurs invariables. Une telle hypothèse exclut évidemment la supposition d'actions réciproques entre les éléments. De plus, on admet que les divers éléments ne se choquent pas les uns les autres.

Supposons établi l'*équilibre statistique* du système. Une foule d'états distincts, de mouvements divers y sont simultanément réalisés; à chaque instant, chacun des éléments quitte son état et son mouvement; mais un autre élément prend sensiblement, au même instant, l'état et le mouvement que celui-là vient de perdre.

Comment tous ces états et tous ces mouvements se répartissent-ils entre les corps innombrables qui forment le système? Combien y a-t-il, à un instant donné, de corps dont l'état soit compris entre deux limites données, dont le mouvement soit également compris entre deux limites données? Tel est le premier problème que le géomètre ait à se poser; ce problème, Gibbs le résout avec une entière généralité.

Ce problème fait intervenir un certain coefficient que

Gibbs nomme *coefficient de probabilité* et qu'il désigne par la lettre P. Une seule condition est imposée à ce coefficient : il doit être une fonction des coordonnées et des vitesses des divers éléments, et cette fonction doit garder la même valeur pendant toute la durée du mouvement du système.

Une telle condition laisse largement indéterminée la forme du coefficient P ; on y satisferait assurément (1), et ce n'est peut-être pas la seule manière d'y satisfaire, en égalant P à une fonction quelconque de l'énergie ε. En cette détermination déjà particulière, Gibbs choisit une seconde détermination infiniment plus spéciale ; il considère les systèmes pour lesquels P est donné par l'égalité

$$(1) \qquad P = e^{\frac{\psi - \epsilon}{\Theta}},$$

où Θ est une constante positive et où ψ est une autre constante, et ce sont ces *systèmes canoniques* qu'il prend pour objet de son analyse.

Aux systèmes canoniques il découvre de remarquables propriétés mécaniques qui offrent avec les lois de la Thermodynamique d'intéressantes analogies.

Notre intention n'est pas de suivre ici la théorie des systèmes canoniques, mais de nous arrêter un instant au point de départ de cette théorie.

Les systèmes canoniques sont définis par une propriété algébrique : leur coefficient de probabilité est de la forme donnée par l'équation (1). Mais ils n'ont reçu jusqu'ici aucune définition mécanique. Comment doivent être agencés les corps qui composent un élément du système, à quelles sortes de forces ces corps doivent-ils être soumis pour que le système soit un système canonique? Cette question n'a reçu aucune réponse.

Or, une telle réponse paraît indispensable si l'on ne

(1) J.-Willard Gibbs, *op. cit.*, pp. 32-33.

veut pas que la théorie des systèmes canoniques
paraisse un pur exercice d'Algèbre, sans intérêt pour
le physicien. Il nous importera assez peu, en effet, que
ces systèmes soient soumis à des lois d'une simplicité
remarquable si nous ignorons l'art de les construire.
L'analogie de ces lois avec les lois de la Thermodynamique nous donne à penser que nous devons composer
la Nature de systèmes semblables aux systèmes canoniques, si nous voulons essayer de l'expliquer mécani-
quement; mais ce renseignement nous semblera singulièrement incomplet si l'on ne nous dit pas, en outre,
comment est constitué un système canonique. Enfin, et
ceci est plus grave, tant qu'on ne nous a pas décrit la
construction mécanique d'un système canonique, nous
sommes en droit de nous demander si de tels systèmes
existent, si l'on peut agencer les corps au sein de
chaque élément et régler les forces qui sollicitent ces
corps, de telle manière que l'égalité (1) s'applique à
l'ensemble de ces éléments.

Or, cette définition mécanique des systèmes canoniques, il ne semble pas que Gibbs s'en soit soucié; il ne
paraît pas qu'il ait cherché à donner un exemple qui mît
hors de doute l'existence de tels systèmes; la concision
et la simplicité de la définition algébrique qu'il avait
posée suffisaient à satisfaire son esprit, ennemi de tout
développement; jamais, peut-être, la *retiring disposi-*
tion qui oriente toutes ses démarches intellectuelles ne
s'était plus nettement affirmée.

VI

Les hypothèses renferment, repliée sur elle-même,
toute la théorie physique; elles ne renferment pas toute
la pensée du physicien. En son esprit, elles se relient à
d'autres jugements, plus ou moins clairement aperçus,

plus ou moins explicitement formulés; et ce sont ces jugements qui suggèrent au physicien d'adopter telle supposition, arbitraire en apparence, qui unissent entre eux des principes sans lien visible.

Ces « pensées de derrière la tête », le physicien consent rarement à les publier; bien des raisons le poussent, en général, à les garder secrètes.

Elles ne sont pas susceptibles, la plupart du temps, de se couler en ces formes précises et claires où il a pris l'habitude de mouler ses propositions théoriques; leurs contours demeurent toujours plus ou moins vagues et indécis; elles ne se laissent pas enseigner d'une manière dogmatique; avec quelque art qu'on les expose, on parvient tout au plus à les faire soupçonner et deviner.

Elles n'ont pas l'évidence immédiate des axiomes de la Géométrie; elles ne se démontrent pas comme des théorèmes; elles ne fournissent pas, comme les énoncés formulés par le théoricien, des conséquences qui puissent être soumises au contrôle de l'expérience; leur certitude est d'un autre ordre que la certitude des diverses propositions auxquelles le physicien est habitué; lorsqu'une longue méditation l'a convaincu de leur vérité, il manque de moyens irréfutables pour communiquer à autrui sa conviction.

Enfin, ces pensées philosophiques qui dirigent les efforts du physicien dans le choix et l'élaboration de ses théories se rattachent souvent en lui à d'autres pensées philosophiques, à celles qui dominent ses croyances morales, qui organisent sa vie intérieure; et une juste répugnance, une légitime pudeur, le portent à dérober aux regards étrangers cet intime foyer de son âme.

Il est donc rare qu'un physicien nous laisse pénétrer jusqu'à ce sanctuaire philosophique où, dans une demi-obscurité, siègent les idées mères de ses théories. Et cependant, tant que ses confidences ne nous ont pas entr'ouvert ce secret asile, nous ne comprenons pas réellement et pleinement ses doctrines; car, s'il nous est permis de les contempler sous leur forme achevée, nous ne pouvons deviner d'où est issu le germe qui s'est développé en elles.

Ces confidences, trop rares de la plupart des physiciens, devons-nous les attendre de Gibbs? Pouvons-nous espérer de lui qu'il nous laisse entrevoir quelques-unes des pensées philosophiques qui ont orienté ses recherches physiques et mathématiques? Assurément non. Il a pu nous livrer certaines de ses doctrines scientifiques, alors qu'elles avaient atteint, en son esprit, au plus haut degré de clarté et de précision; encore ne les a-t-il livrées qu'à demi et comme à regret, restreignant, pour ainsi dire, sa publication par la concision du style, par l'emploi des algorithmes symboliques, par la forme purement algébrique sous laquelle demeurent voilées ses propositions de Physique, par le caractère très général et très abstrait de ses hypothèses. Comment se déciderait-il à nous communiquer des pensées indécises et flottantes, dont la publication froisserait toutes les susceptibilités de sa modestie, contrarierait toutes les tendances à la concentration qui sollicitent son génie?

Nous devons donc nous résigner à ignorer les idées philosophiques qui, sans doute, en l'esprit de Gibbs, présidaient à la genèse des théories physiques.

Cette résignation ne sera pas toujours exempte de regret; il est, en particulier, un important débat au sujet duquel on eût aimé à connaître son opinion. Les lois de la Physique peuvent-elles toutes se ramener, en dernière analyse, aux lois de la Mécanique rationnelle, telles que Newton et Lagrange les ont tracées? L'espoir d'une telle réduction doit-il être rejeté, au contraire, comme une illusion chimérique, à tout jamais dissipée? Doit-on traiter les diverses branches de la Physique et, en particulier, la Thermodynamique, comme des sciences autonomes qui n'attendent aucun secours des théorèmes de la Dynamique?

Les premiers travaux de Gibbs semblaient destinés à seconder ce dernier parti; les principes de la Thermodynamique y étaient traités comme des hypothèses qui ne se réclament d'aucune interprétation mécanique; le professeur du Yale College s'exprimait, en toutes circonstances, exactement comme le ferait le plus rigoureux des énergétistes.

Cependant, on se fût sans doute trompé en le rangeant parmi ceux qui réputent à tout jamais impossible toute représentation mécanique des phénomènes naturels. Ses recherches de Mécanique statistique, publiées peu de temps avant sa mort, mais poursuivies pendant une très grande partie de sa vie, témoignent du très vif intérêt qu'il portait aux essais tentés pour asseoir la Physique sur les seuls fondements de la Dynamique.

Trop clairvoyant pour partager l'enthousiasme naïf que ces essais, à peine ébauchés, provoquent chez quelques-uns de nos contemporains, nourrissait-il, comme Lord Kelvin, le ferme espoir de voir ces tentatives aboutir quelque jour à une réussite? Toute affirmation à cet égard serait sans doute fort hasardée. Écoutons avec quelle circonspection s'exprime, en sa préface, l'auteur des *Principes de Mécanique statistique* :

« Cette branche de la Mécanique doit son origine au désir d'expliquer les lois de la Thermodynamique au moyen des seuls principes de la Mécanique...

» Nous éviterons les plus grandes difficultés en détournant notre attention de la construction des hypothèses relatives à la constitution des corps matériels, et en poursuivant simplement les recherches statistiques comme une branche de Mécanique rationnelle. Dans l'état présent de la Science, il ne paraît guère possible de constituer une théorie dynamique de l'action moléculaire qui embrasse à la fois les phénomènes thermodynamiques, la radiation, et les manifestations électriques qui accompagnent l'union des atomes. Or, il est évident qu'aucune théorie ne saurait être satisfaisante si elle ne tient compte à la fois de tous ces phénomènes. Même si nous bornons notre attention aux phénomènes purement thermodynamiques, nous n'échappons pas à toute difficulté, fût-ce dans une question aussi simple que l'énumération des degrés de liberté de la molécule d'un gaz diatomique; tandis, en effet, que la théorie assigne 6 degrés de liberté à chacune des molécules du gaz, c'est une chose bien connue que nos expériences sur la chaleur spécifique ne peuvent compter plus de 4 degrés. Certainement, celui-là bâtit sur des fondations fort peu sûres, qui prend pour bases de son œuvre des hypothèses relatives à la constitution de la matière.

» De telles difficultés ont effrayé l'auteur; elles l'ont dissuadé de consacrer son attention à l'explication des mystères de la nature; elles l'ont contraint à se contenter d'un but plus modeste; il se bornera à démontrer quelques-unes des propositions les plus obscures de la partie statistique de la Mécanique. Les résultats de cette recherche n'ont pas à craindre de se trouver erronés par suite de leur manque d'accord avec les phénomènes naturels, car on n'a nullement supposé que cet accord dût avoir lieu. La seule erreur qui puisse être ici commise consisterait en un désaccord entre les prémisses et les conclusions; et cette erreur-là, avec de l'attention, on peut, en général, espérer de l'éviter.

» ... Finalement, nous examinons la modification qu'il nous est nécessaire d'apporter aux résultats précédents si nous voulons considérer des systèmes composés d'un grand nombre de particules entièrement similaires... Cette supposition aurait dû être introduite tout d'abord, si nous avions eu simplement pour objet d'exprimer les lois de la Nature. Toutefois, il semble désirable que les lois purement thermodynamiques soient très nettement séparées de ces modifications spéciales, qui sont plutôt l'objet de la théorie des propriétés de la matière. »

Celui qui écrivait ces lignes escomptait-il, pour un avenir plus ou moins éloigné, le triomphal avènement d'une Physique déduite des seules lois de la Dynamique? Pensait-il, au contraire, que les physiciens agiraient sagement en abandonnant tout essai d'explication mécanique et en s'efforçant seulement de représenter par des théories mathématiques les lois que l'expérience leur révèle? Les quelques réflexions échappées à son extrême réserve ne nous permettent guère de le deviner.

Il est temps de clore ces remarques sur la *retiring disposition* qui s'est manifestée, avec une extraordinaire puissance, non seulement dans la vie recluse et dans le caractère modeste du professeur de New-Haven, mais encore dans toutes les particularités qui donnent à son œuvre une physionomie si originale. Nous ne saurions le faire sans éprouver un certain sentiment de tristesse. car il nous est impossible de ne pas répéter ici, en guise de conclusion, ces paroles de M. Henry Le Chatelier (1) : « La portée des travaux du professeur Gibbs n'a pas été immédiatement reconnue; leur influence sur les progrès de la Science n'a pas été tout d'abord ce qu'elle aurait dû être. »

(1) J.-Willard Gibbs, *Équilibre des systèmes chimiques.* Traduit par Henry Le Chatelier. Paris, 1899. Préface du traducteur, p. VI.

CPSIA information can be obtained
at www.ICGtesting.com
Printed in the USA
BVHW010037281022
650548BV00004B/21